Comer sano

La leche y el queso

Nancy Dickmann

Heinemann Library
Chicago, Illinois

Edited by Siân Smith, Nancy Dickmann, and Rebecca Rissman
Designed by Joanna Hinton-Malivoire
Original Illustrations © Capstone Global Library Ltd 2010
Illustrated by Tony Wilson
Picture research by Elizabeth Alexander
Production by Victoria Fitzgerald
Originated by Capstone Global Library Ltd
Printed and bound in China by South China Printing Company Ltd
Translation into Spanish by DoubleOPublishing Services

14 13 12 11 10
10 9 8 7 6 5 4 3 2 1

Library of Congress Cataloging-in-Publication Data
Dickmann, Nancy.
[Milk and cheese. Spanish]
La leche y el queso / Nancy Dickmann.
p. cm.—(Comer sano)
Includes bibliographical references and index.
ISBN 978-1-4329-5131-3 (hc)—ISBN 978-1-4329-5138-2 (pb) 1. Milk in human nutrition—Juvenile literature. 2. Dairy products in human nutrition—Juvenile literature. I. Title.
QP144.M54D5318 2011
613.2'6—dc22 2010027737

Acknowledgements
We would like to thank the following for permission to reproduce photographs: © Capstone Publishers p.**22** (Karon Dubke); Alamy p.**15** (© Cultura); Corbis pp.**18**, **23 bottom** (© Bernd Vogel), **21** (© moodboard); Getty Images pp.**7** (Gavriel Jecan/The Image Bank), **19** (Dave King/Dorling Kindersley); Getty Images/Digital Vision p.**14** (Christopher Robbins); iStockphoto pp.**20**, **13** (© Rosemarie Gearhart), p**23 top** (© Mark Hatfield); Photolibrary pp.**5** (Hans Huber/Westend61), **8** (Maximilian Stock LTD/Phototake Science), **11** (Willy De L'Horme/Photononstop), **12** (Kablonk!), **16** (Banana Stock); Shutterstock pp.**4** (© Chepko Danil Vitalevich), **6** (© Viorel Sima), **9** (© Morgan Lane Photography), **10** (© matka_Wariatka); USDA Center for Nutrition Policy and Promotion p.**17**.

Front cover photograph of milk and dairy products reproduced with permission of © Capstone Publishers (Karon Dubke). Back cover photograph reproduced with permission of Shutterstock (© Viorel Sima).

We would like to thank Dr Sarah Schenker for her invaluable help in the preparation of this book.

Contenido

¿Qué es la leche? 4
Los alimentos y la leche 8
¿Cómo nos ayuda la leche? 12
Comer sano 16
Busca los productos lácteos 22
Glosario ilustrado 23
Índice 24

¿Qué es la leche?

La leche es una bebida que producen algunos animales.

Beber leche nos ayuda a mantenernos sanos.

Mucha de la leche que bebemos proviene de las vacas.

Alguna de la leche que bebemos proviene de las cabras.

Los alimentos y la leche

Con la leche se pueden hacer otros alimentos.

Estos alimentos se llaman productos lácteos.

El queso se hace con leche.

El yogur se hace con leche.

¿Cómo nos ayuda la leche?

La leche y los productos lácteos nos ayudan a desarrollar huesos fuertes.

La leche y los productos lácteos nos ayudan a desarrollar dientes fuertes.

La leche y los productos lácteos nos ayudan a crecer.

La leche y los productos lácteos son buenos para la sangre.

Comer sano

Debemos comer diferentes alimentos todos los días.

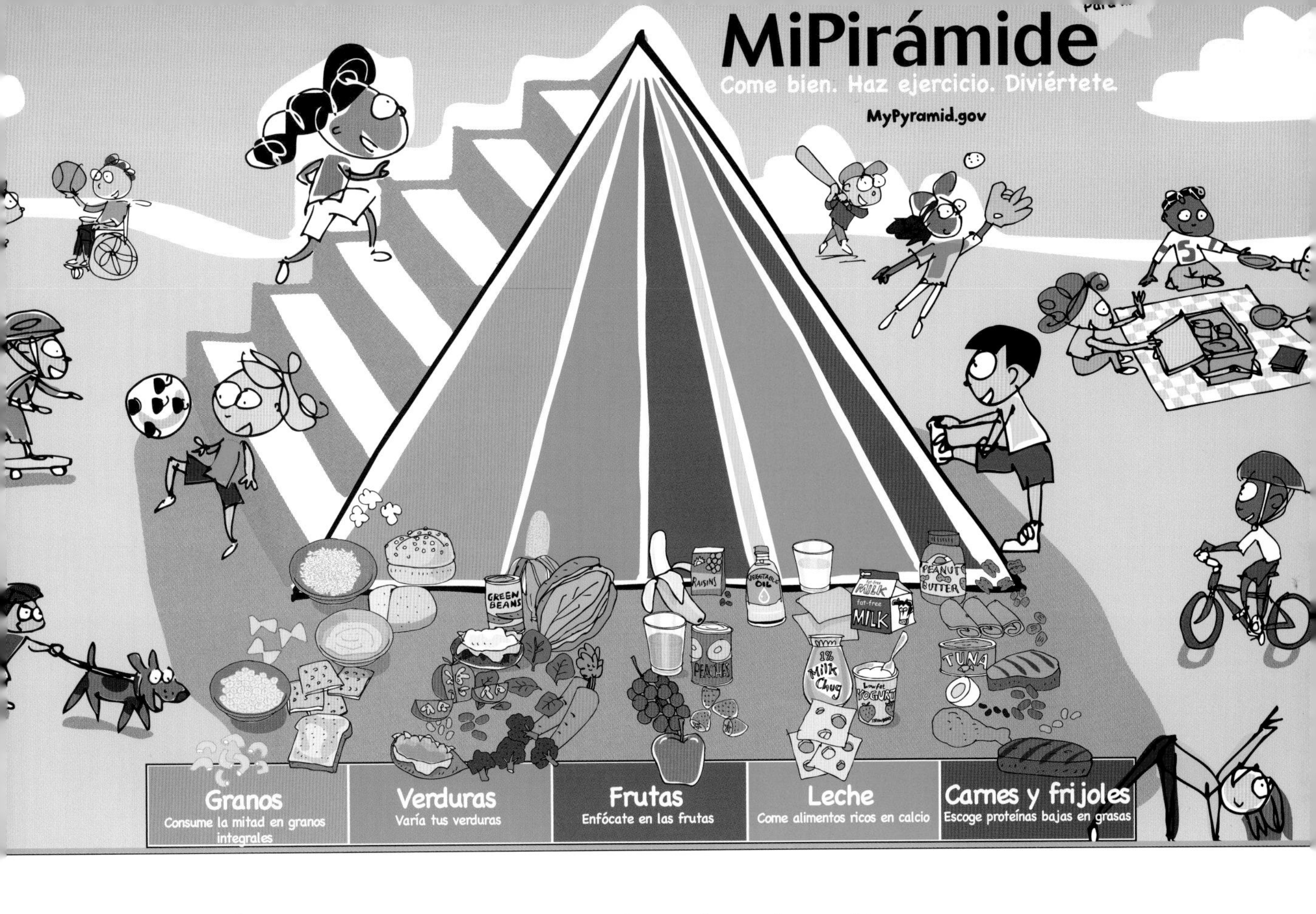

La pirámide alimentaria indica que debemos comer alimentos de cada grupo de alimentos.

Algunos productos lácteos contienen mucha grasa.

Debes comer sólo un poco de estos alimentos.

Tomamos leche y comemos productos lácteos para mantenernos saludables.

¡Tomamos leche y comemos productos lácteos porque son deliciosos!

Busca los productos lácteos

Ésta es una cena saludable. ¿Puedes encontrar dos alimentos derivados de la leche?

Respuesta en la página 24

Glosario ilustrado

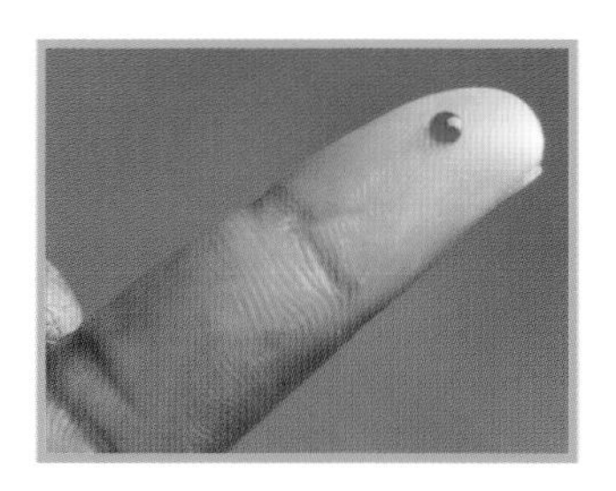

sangre líquido rojo que está dentro del cuerpo. La sangre lleva aire y alimentos a todas las partes del cuerpo.

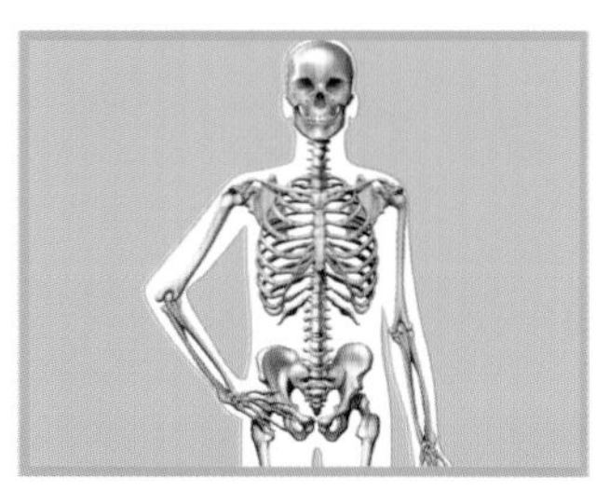

huesos tienes huesos dentro del cuerpo. Los huesos son fuertes y duros. Ayudan a sostener el cuerpo.

grasa cosa aceitosa. La grasa mantiene el cuerpo caliente. Es malo comer mucha grasa.

Índice

cabras 7
crecer 14
dientes 13
huesos 12
pirámide alimentaria 17
sangre 15
vaca 6

Respuesta de la prueba de la página 22: El queso y el yogur son alimentos derivados de la leche.

Nota a padres y maestros

Antes de leer

Explique que debemos comer una variedad de alimentos para mantenernos sanos. Clasificar los alimentos en grupos puede ayudarnos a comprender qué cantidad de alimentos debemos comer de cada grupo. Presente el grupo de los productos lácteos de la pirámide alimentaria que está en la página 17. Estos alimentos nos dan calcio, que ayuda a desarrollar dientes y huesos fuertes. Explique que algunas personas son alérgicas a la leche y a los productos lácteos. Pueden obtener el calcio que necesitan con alimentos especiales como la leche de soya, que se hace con frijoles de soya.

Después de leer

- Piensen en varios alimentos lácteos. Explique que algunos alimentos lácteos tienen un alto contenido de grasas y que debemos tratar de no comerlos en grandes cantidades.
- Muestre cómo la leche puede transformarse en mantequilla. Tome un tarro transparente con tapa y llénelo hasta la mitad con crema espesa. Pida a los niños que se turnen para agitar el tarro. Después de unos 20–30 minutos se debe formar un grumo de mantequilla junto con un líquido. Vierta el suero líquido de la leche en otro recipiente y coloque la mantequilla bajo un chorro de agua fría hasta que el agua corra limpia. Prueben la mantequilla untándola sobre pan integral o galletas saladas.
- Ayude los niños a hacer carteles que expliquen que hay que consumir leche y productos lácteos. Use los carteles para mostrar por qué necesitamos leche y productos lácteos para desarrollar dientes y huesos fuertes y mantenernos sanos.